LE THÉATRE

CLASSIQUE, ROMANTIQUE ET NATURALISTE.

ALBERT-LAMBERT

DU THÉATRE DE L'ODÉON

LE THÉATRE

CLASSIQUE, ROMANTIQUE, NATURALISTE

CONFÉRENCE

FAITE A LA LIGUE DE L'ENSEIGNEMENT (CERCLE ROUENNAIS)

LE 9 AVRIL 1889

ROUEN

SCHNEIDER FRÈRES, ÉDITEURS

26, RUE JEANNE DARC, 26

—

1889

ROUEN. — IMPRIMERIE JULIEN LECERF.

LE THÉATRE

CLASSIQUE, ROMANTIQUE ET NATURALISTE

CONFÉRENCE
Par M. ALBERT-LAMBERT

A son entrée, le Conférencier est salué par de chaleureux applaudissements.

MESDAMES, MESSIEURS,

Votre bienveillant accueil change le caractère de mon émotion en l'augmentant, et m'oblige, comme premier devoir, après vous avoir remerciés de votre sympathique présence, de solliciter toute votre indulgence pour la très longue épreuve à laquelle je vais soumettre votre patience, en osant parler devant vous après tant d'orateurs distingués qui, certainement, ont dû prendre à tâche de vous rendre difficiles.

On demandait au Doge de Venise venu à Paris pour faire des soumissions à Louis XIV, ce qu'il avait trouvé de plus extraordinaire dans la Capitale ; il répondit : « C'est de m'y voir ! » Sans rapprochement ni comparaison, je pourrais répondre comme ce célèbre magistrat : Ce qu'il y a de plus étonnant pour moi, dans cette conférence, c'est de me la voir faire ! Simple interprète des maîtres de la scène, je n'ai jamais parlé en public qu'appuyé de leur pensée, de leur texte appris soigneusement d'avance.

Je vais être obligé de discourir pour la première fois aidé de mes seules lumières et improvisant mon langage !

Il était écrit que je ferais tous mes débuts à Rouen ! Je ne m'en plains pas. Jusqu'à présent cela m'a porté bonheur. Espérons qu'il en sera encore de même cette fois.

Pourtant, en cette affaire, je ne suis pas le seul coupable. J'ai des complices ! Et pour un rien je les dénoncerais ! De braves et vieux amis, gens très-vénérables d'ailleurs, qui ont remarqué qu'en me mettant sur le sujet du Théâtre, je parlais beaucoup... beaucoup trop peut-être. Ils se sont dit à part : c'est un bavard ! Si nous donnions un aliment à son défaut ? oui... c'est celà, faisons-lui faire une confé-rence. — Ah ! nos vieux Normands ont comme cela de ces tours de pince-sans-rire. (Nous sommes en famille, nous pouvons nous dire nos vérités). Et alors... me voilà en face de vous, et bien émotionné, n'ayant plus que cette ressource : accepter l'épithète trop méritée de bavard. Ne considérez donc point ma dissertation comme une conférence, ni même comme une causerie. Appelez-la du nom de bavardage, bavardage que vous arrêterez quand il vous ennuiera, ce dont je vous prie instamment autant dans mon intérêt que dans le vôtre. C'est donc la première fois que j'ai l'honneur de parler en public, il ne tiendra qu'à vous que ce soit la dernière.

Je veux vous parler du Théâtre sous ces trois aspects : Classique, Romantique, Naturaliste. Le sujet est bien vaste et je n'espère pas l'épuiser ni l'approfondir en une simple causerie ; je désire seulement en toucher quelques points en courant, et vous faire part des quelques réflexions que les études sur cet art m'ont suggérées.

Et d'abord : Classique, Romantique, Naturaliste, sont des qualificatifs vagues qui n'expriment que très-imparfaitement les diverses formes que le Théâtre a prises au besoin des mœurs et du goût des peuples, en leur apogée comme en leur décadence, depuis sa création jusqu'à nous.

Je me suis souvent demandé : Si le Théâtre n'existait pas et que nous eussions à l'instituer, comment on se l'imaginerait et quelle forme nous lui donnerions ?

Mais d'abord, d'où est-il venu, quel besoin l'a fait naître ?

Pourquoi le Théâtre ?

On pourrait répondre qu'il est d'essence humaine, que, dès que les massacres, les guerres, les héroïques forfaits ont laissé aux hommes le temps de se regarder, ils ont observé leurs défauts, leurs travers, leurs ridicules, ils ont pris plaisir à les reproduire en compagnie, à les caricaturer, et que de cet instinct primordial est née la Comédie.

Mais ce malicieux plaisir, au but malveillant et étroit, n'aurait pas enfanté cet Art qui est devenu une des plus grandes manifestations de la Pensée humaine.

Il lui a donc fallu, pour captiver les multitudes, une plus grande séduction et un plus noble but.

En un mot — si étrange que la chose paraisse aujourd'hui — le Théâtre est un art religieux, un acte militant de foi et de vénération.

Le vieux théâtre indien, le théâtre chinois, japonais, dont les œuvres se perdent dans la nuit des créations primitives, ont tous commencé par célébrer leurs fastes religieux.

Dans l'antiquité et au Moyen-âge, c'est-à-dire (pour nous) à sa naissance et à sa renaissance, le Théâtre a le même point de départ : la Religion.

Sous les Grecs, il commence par être un hommage à Bacchus et ouvre les fêtes appelées Dyonisiaques. Au Moyen-âge, il célèbre encore la Religion en représentant ses *Mystères*.

Je n'aborderai pas l'historique de ces différentes éclosions du Théâtre, cela excéderait l'étendue de ma causerie, mettrait votre patience au supplice et ma pauvre érudition en défaut.

J'entrerai tout de suite dans mon sujet : Le Théâtre français en ses trois évolutions : Classique, Romantique, Naturaliste.

LE GENRE CLASSIQUE.

Pour la moyenne du public aujourd'hui, qu'est-ce que le Classique et de quoi se compose-t-il ?

D'une tragédie de Corneille ou de Racine, car on a oublié leurs précurseurs et l'on connaît à peine leurs successeurs; et d'une comédie de Molière, Regnard, Marivaux et Beaumarchais, les seuls que l'on joue couramment sur nos théâtres subventionnés.

LA TRAGÉDIE.

Pour beaucoup, le mot *tragédie* signifie : longs discours, action sans intérêt, tranchons le mot : ennui.

La Comédie n'a guère meilleure réputation. Beaucoup vous disent : Je préfère la lire ! Soyez sûrs d'avance que ceux-là ne la lisent jamais.

La Tragédie ! pardieu, on la connaît ! on l'a copiée je ne sais combien de fois en pensums, au collège, ce qui, par parenthèse, n'était pas le moyen de la faire aimer.

On la raconte plaisamment avec une ironie facile.

Il s'agit d'un empereur, un roi, un prince grec, romain, perse, mède, égyptien ou autre, très-drapé dans un costume *antique* et *solennel*, qui entre en scène et qui raconte à un confident, également *drapé* et *solennel*, des choses que celui-ci doit savoir depuis longtemps, c'est-à-dire ses ennuis, sa passion, les entraves qu'elle va subir. Le confident donne des conseils parfois, acquiesce le plus souvent — il n'est là que pour cela, du reste. Puis, viennent une princesse et sa confidente, toujours très-drapées, qui disent... la même chose, à part un songe, le fameux songe ! qui survient invariablement dans la conversation, que l'on cherche à expliquer, que l'on n'explique jamais. Puis, un personnage accessoire qui viendra faire un long récit d'évènement arrivé dans un autre lieu, ce qui corsera l'action ; l'action qui, d'ailleurs, restera simple et reposera sur la lutte de deux sentiments opposés : l'Amour, le Devoir — la Patrie, l'Honneur — la Haine, la Reconnaissance, etc., etc.

Enfin, cela se terminera par la mort de tout le monde après des explications, des arguments, des combats de passion, froids comme de longs plaidoyers.

LA COMÉDIE.

La Comédie est à peu près coulée dans le même moule n'était que les personnages sont un peu moins drapés et un peu moins solennels, mais leurs discours, pour être plus « terre-à-terre », n'en ont pas moins de très-longs développements.

C'est un seigneur, marquis ou chevalier qui entre en scène avec son valet, fripon à tous crins. Le maître est amoureux d'une fille de condition. le valet est infailliblement épris de la soubrette. Au travers des duos de tendresse se jette un père invraisemblable, affublé de tous les ridicules, cuirassé de tous les entêtements, qui s'oppose au mariage de nos amants, à leur bonheur, car le mariage est toujours le suprème bonheur et l'ultime félicité... dans la comédie — s'entend — surtout dans la Comédie classique, tant cette bonne forme y entend peu malice. Après diverses péripéties, tout s'arrange, le mariage est conclu : ils seront heureux, ils auront beaucoup d'enfants. Le public sort content en fredonnant : Allez-vous-en, *gens de la noce!*

Voilà, pour le sceptique vulgaire, l'impression générale que laisse cette forme du Classique.

Depuis longtemps. du reste, on a épuisé les plus malignes épigrammes sur cette pauvre Tragédie. On a dépensé un esprit!...

Songez-donc! ce genre qui obligeait le public à penser, à méditer, à approfondir l'Histoire et la Morale ! Il fallait bien le démolir!

Ironies délicates et parodies grossières, tout a été

bon ! Ah ! comme on a bien ri, bien « blagué », et spirituellement :

Prends un siége, Cinna.

— *Cinna pas?* répliquait le bon railleur. Et on riait !

La plaisanterie de cette force n'était pas neuve ; pourtant, elle « éructe » avec le premier chef-d'œuvre, avec la merveille du genre : avec le *Cid.* Rien que cela !

Richelieu avait démuselé ses bouffons sur Corneille : Boisrobert, qui dînait bien, assistait à la représentation du *Cid* au Palais-Cardinal. Et ce jour-là, sans doute, le ministre n'avait pas qu'une Éminence grise, il avait aussi un abbé... de même couleur.

A la belle apostrophe de Don Diègue :

Rodrigue, as-tu du cœur ?

l'abbé de Boisrobert cria : Non, je n'ai que du carreau ! Le mot divertit beaucoup les ruelles : mais le *Cid* n'en mourut pas, pas plus que le Théâtre classique sous toutes les parodies qui ont suivi.

Voltaire ne fut pas davantage épargné. On caricatura tous ses vers; vous vous rappelez ceux de *Mérope ;* je dirai le premier et tous vous direz le second :

Quand on a tout perdu, quand on n'a plus d'espoir,

. . . .

(On rit).

Et pour ce distique de *Mahomet!* (*Mahomet,* tragédie de Voltaire, dédiée au pape, car il était un peu normand aussi ce Voltaire... je ne pense pas que personne ici en soit blessé); vous rappelez-vous ces vers d'une si brillante audace pour l'époque :

> Les hommes sont égaux, ce n'est pas la naissance,
> C'est la seule vertu qui fait la différence.

Un faïencier du temps n'écrivit-il pas sur sa boutique :

> Tous les pots sont égaux, ce n'est pas la faïence,
> C'est ce qu'on met dedans qui fait la différence

Et d'autres, et d'autres !...

On n'en est pas plus bête ni plus méchant pour cela, mais on avait hâte de se débarrasser de ce sublime à jet continu. On y parvint.

Aujourd'hui, les ouvrages classiques ne font plus partie des spectacles ordinaires du public. Ils sont le régal spécial des délicats, des pieux lettrés qui viennent se retremper à cette vieille et salutaire source du Beau, et se délasser de toutes les fadaises, les mièvreries des succès tapageurs et éphémères de nos jours.

La valeur intellectuelle d'un public se juge et se jauge sur la qualité des spectacles qu'il aime et qu'il suit. On a dit : le Peuple n'a que les gouvernements qu'il mérite! On pourrait ajouter : Le Public n'a que le Théâtre dont il est digne !

Il faut reconnaître, pourtant, que la forme classique était usée. Les imitateurs avaient tiré trop d'épreuves de ce modèle, son empreinte s'effaçait. Il était temps de la remplacer.

Mais, quant à nier sa valeur, son art, c'est autre chose.

Oui, cette forme est simple, et bien souvent aujourd'hui fait sourire plus d'un auteur à succès. Quelle qu'elle soit, il fallait la trouver. C'est toujours l'œuf de Christophe Colomb! Et, toute naïve qu'elle semble, elle n'en a pas moins fait sortir de son moule les plus hauts chefs-d'œuvre de l'esprit humain.

C'est qu'au Théâtre comme en tous les arts, l'outil est peu de chose; tout consiste dans la manière de s'en servir.

Quand un ouvrier ordinaire emploie la forme classique, il fait un *Marius*, un *Spartacus*, un *Germanicus*, un *Virginius* quelconque; mais, quand les maîtres travaillent, ils font *Polyeucte*, *Andromaque*, *Tartuffe*, etc.

Et tout le Théâtre des maîtres n'est pas resté. Quelques œuvres seules ont survécu, éternelles celles-là!

Ce n'est donc pas de la forme dont on se préoccupait, c'était de leur pensée, de leurs sentiments, de l'art suprême que leur génie en dégageait.

C'était de ce métal précieux et indestructible qu'ils mêlaient à la fonte de leur colosse et que l'on retrouve toujours brillant et indestructible, malgré l'usure et la rouille des ans.

Oui, de cette forme simple, voulue ainsi, les génies ont fait jaillir tout ce que renferme l'Humanité. Ils ont fait entrer dans ses lignes sévères un monde d'observations, d'enseignements. Ils ont entassé dans leurs scènes tant de vérités sur les hommes, les évènements et les choses, que le simple lettré peut, à l'aide seule d'un peu de mémoire, se passer d'une autre conversation ; il a une réponse toute prête pour toutes les circonstances de la vie : morale, politique, religieuse ou sociale.

Je ne donne pas ici le conseil de se servir de ce moyen pour converser. Le procédé serait déplorable, et la manie des citations est regardée, à juste titre, comme un des plus pesants ridicules du monde.

Mais il n'en est pas moins vrai que toutes les situations de la vie, les questions les plus obscures, les plus complexes, sont résolues dans des formules rapides, élevées, simples et concluantes, et c'est certainement à l'art classique que nous devons de les avoir si nettement élucidées. Tous ces beaux vers sont devenus maximes. Est-il nécessaire de citer ? Vous les avez tous en mémoire :

Reproche-t-on à quelqu'un sa jeunesse ? Il répond :

> Je suis jeune, il est vrai, mais aux âmes bien nées,
> . . . .

A-t-on à lutter contre des obstacles ? On se réconforte avec :

> A vaincre sans péril, on triomphe sans gloire.

Et que de fois n'applique-t-on pas :

> Il est avec le ciel des accommodements !

et

> Qui s'expose au péril veut bien trouver sa perte.
> Qui peut tout doit tout craindre !

Et que d'âmes tendres n'ont pas murmuré à leur coupable époux :

Je t'aimais inconstant, qu'aurais-je fait fidèle ?

Il ne faut pas trop dédaigner cette forme simple et sévère quand on songe qu'elle nous a donné : *Athalie*, ce vaste drame ; *Cinna* et son 5° acte de marbre ; l'habile et profonde comédie : *le Tartuffe*, et cette merveille : *le Misanthrope.*

On répliquera : tous ces ouvrages seraient sortis plus vivants et plus humains, plus intéressants d'une autre forme.

En est-on sûr ?

Est-on sûr que la dispersion de ces idées dans un spectacle plus animé leur aurait laissé la même force et la même intensité ?

Cette combinaison scénique est toute faite pour l'esprit. L'action et ses développements suffisent au spectacle. Point besoin d'ornements, accessoires, décors et costumes. Le public encombre la scène comme la salle. Les acteurs sont affublés d'oripeaux luxueux et grotesques jusqu'à Lekain et Talma. Qu'importe ?

Auguste est tout do même majestueux sous son feutre à plumes, Iphigénie toujours touchante dans sa robe à paniers, et Polyeucte ne perd rien de sa grandeur sacrée sous le tonnelet et les canons Louis XIII.

C'est certainement là une grandeur et une force.

Malgré cela, je ne conclus pas que cette forme classique soit la forme idéale du Théâtre, et je ne déplore pas qu'elle soit tombée en désuétude. J'en connais toutes les défectuosités ; je me rebelle contre ses règles coërcitives et j'ai regretté bien souvent que Corneille n'ait pas eu l'audace de briser toutes ces entraves, qu'il ait plié son génie indépendant à ce joug, qu'il n'ait pas renversé ces barrières pour ouvrir un champ libre à son imagination et nous donner le Théâtre qu'il rêvait, et aux splendeurs duquel il aurait convié l'enthousiasme du monde.

Par l'Œuvre qu'il a laissée, on a droit d'estimer l'Œuvre qu'il aurait pu faire, affranchi de tous obstacles. Shakespeare, qui ne peut pas être dépassé, serait certainement égalé. Par quelques points, et des plus grands, il l'est déjà !

Mais le Théâtre de Shakespeare n'était pas dans le goût de notre nation à cette époque. Et le sera-t-il jamais ?

LE ROMANTISME.

Une lente révolution littéraire précéda de quelques années la Révolution française. Ducis, après Voltaire, avait tenté d'acclimater le public au génie shakespearien. Mais la terrible tragédie humaine qui se joua bientôt sur le sol ensanglanté de l'Europe arrêta tout progrès littéraire. Dès que notre Patrie apaisée put respirer, un grand poète surgit et accomplit l'œuvre que Corneille n'avait pas pu ou n'avait pas voulu faire.

On eut le Théâtre romantique

Les mœurs et les goûts étaient changés en France après ce formidable bouleversement social. Après ces épopées glorieuses, ces invraisemblables réalités qui ne permettaient plus de croire qu'à l'impossible, l'âme du monde était ouverte à toutes les chimères de l'imagination, aux combinaisons romanesques, aux illusions captivantes du Rêve.

Alors, on brisa le vieux temple dorique de la Tragédie; sur ses ruines pittoresques, on éleva les monuments du Moyen-âge, de la Renaissance, la vieille Italie, la fanatique Espagne; un spécimen de tous les styles.

C'est au figuré ce qui arriva en réalité après l'écroulement de l'Empire romain : Avec les ruines des arènes, des arcs triomphaux des Forum, on fit des forteresses, des églises, des châteaux gothiques. (On voit encore quatre tours sarrazines sur les ruines des arènes d'Arles, et bon nombre de nos églises sont bâties sur d'anciens temples voués à Diane, Jupiter, Vénus, etc.)

Le Romantique fit comme les conquérants du Moyen-âge et du christianisme : Il installa ses décors de donjons, de cathédrales, de cloîtres, sur les puissantes ruines des palais tragiques.

Le Drame entra tenant sous le bras la Comédie, faisant bon ménage. La Comédie traînant à sa jupe leur turbulent enfant : la Fantaisie, qui se mit à gambader sur toutes ces ruines solennelles.

Le spectacle fut éclatant.

Le grotesque et le terrible se mêlent, s'enchevêtrent. Le décor, les costumes exacts captivent les regards et charment l'érudition; l'Histoire y jette ses chroniques sombres. Des détails de mœurs assaisonnent et colorent le dialogue.

Au milieu de ces ornements capricieux, se déroulent une ou plusieurs actions dépendantes ou disparates, mais ardentes, échevelées, romanesques. Le décor change autant de fois qu'on veut. Il joue un des rôles principaux ; volontiers, on dirait aux acteurs : Taisez-vous, laissez-nous regarder. L'imagination de l'auteur vole à tire d'ailes, la poésie verse les ondes dorées de ses urnes. C'est un enivrement. C'est la forme de Shakespeare arrivée à son point culminant de perfection.

Tour-à-tour on applaudit : *Hernani, Henri III, Marion de Lorme, Antony, La Tour de Nesle, Marino Faliero, Marie Tudor, Les Enfants d'Edouard, Louis XI, Angelo, Lucrèce Borgia,* etc., etc.

Une splendide collection de chefs-d'œuvre où le grand lyrisme, l'imagination, la passion, l'éloquence élèvent à cet art un monument bâti avec des pierres précieuses, sur lesquelles sont gravés en lettres rayonnantes les noms de Victor Hugo, Alex. Dumas, Alfred de Musset, Casimir Delavigne, Alfred de Vigny, etc., etc.

Et cependant, toute brillante, toute libre qu'elle est, cette forme théâtrale, très-combattue — très-violemment combattue à son avènement — n'a fourni qu'une courte carrière.

Les plus belles œuvres qu'elle a enfantées ont le sort des vieux classiques : elles ne sont plus aujourd'hui qu'un spectacle de curiosité pour les amateurs, un régal qu'on s'offre une fois ou deux.

Ce beau drame de *cape et d'épée* est suranné, démodé,

prête à la raillerie par l'invraisemblance de son action, l'exagération de son langage, la fausse ardeur de ses passions, ses caractères disproportionnés. Trop de panache et trop d'imagination. C'est plus curieux que convaincant, plus pittoresque que grandiose.

En un mot, le mot vulgaire et railleur: Ce n'est pas arrivé!

Toute cette ferblanterie chevaleresque, tous ces archaïsmes plaqués dans le dialogue pour la couleur locale, cette surcharge de « *pardieu* », « *par la mortdieu!* » ces dialogues matamoresques font sourire un peu l'érudit, ennuient l'ignorant et lassent l'habitué.

Pourquoi s'est-on fatigué plus vite du Romantisme que du Classique? Car ce genre qui florissait en 1830 ne se soutient qu'à peine en 1880!

Ce genre est beau pourtant. Il a tout pour captiver l'esprit et les sens.

C'est que — comme le remarque notre éminent surintendant des Beaux-Arts, M. G. Larroumet, — c'est que nous sommes des Latins. Notre goût est classique : nous aimons les choses franches, limpides et déterminées. Le vague, le rêve des philosophies anglaises, allemandes, etc., nous laisse indifférents.

Nous avons fait violence à notre tempérament par mode, par théorie. Nous nous sommes imposé ce goût nouveau du Romantisme comme on s'inocule une maladie. Nous nous sommes donné cette manie littéraire comme tant d'autres : l'Anglomanie, la Russomanie, la Yankomanie dans les mœurs, les habits, le langage, etc. Mais nous revenons fatalement aux goûts primitifs de la race, et après notre curiosité satisfaite, après avoir fait chorus au succès du moment, dans le drame fleuri et touffu que nous avons acclamé, nous ne trouvons plus à admirer — l'engouement primitif apaisé — que les scènes larges, simples, grandes, que nous y trouvons enchâssées comme des statues antiques dans les enroulements multiples du gothique flamboyant.

Certainement, quelques chefs-d'œuvre vivent encore triomphalement, mais ils ont pris rang dans les classiques, leurs aînés, à la Comédie-Française, où l'on va les voir ainsi que des tableaux célèbres enfermés dans un magnifique musée.

Après toute apogée, il survient fatalement une décadence. Peut-être en sommes-nous là? Ces deux brillantes illuminations de splendeur et d'art : Classique et Romantique, sont-elles éteintes pour les fêtes de notre esprit, comme ces phares inutiles et qu'on n'allumera plus sur nos plages désolées?

Fatigué du panache romantique, le public a suivi différentes écoles : L'école du bon sens, — retour vers le classique, — avec Ponsard, Augier, etc. La réaction fut vive. L'école du naturel, l'école fantaisiste, anecdotique, le conte historique. Puis enfin, la Comédie qui progressait pendant ces tâtonnements, chaussa bientôt de plus hauts brodequins, et, avec Dumas, Augier, Barrière, Labiche, Sardou, Pailleron, conquit la première place, – la place d'honneur, — dans les luttes théâtrales de la fin de ce siècle.

Les œuvres sont applaudies, leurs auteurs sont presque tous vivants encore, quelques-uns même sont immortels..... à l'Académie. Il n'est donc pas facile de porter un jugement qu'il n'appartient d'ailleurs qu'au temps de prononcer.

Je me borne, pour ma part, à admirer, à applaudir : *le Gendre de M. Poirier*, *le Demi-Monde*, *les Ganaches*, *les Faux Ménages*, *le Voyage de M. Perrichon*, *les Faux-Bonshommes;* j'en passe et d'admirables !

Il y a dans tous ces ouvrages des scènes d'une observation, d'une philosophie et d'un style prodigieux !

Mais si l'on me demandait : Pensez-vous que ces œuvres vivront autant que les comédies de Molière ? Je ne l'affirmerais pas; et je ne le crois pas.

Et voici pourquoi. A l'exception de quelques morceaux choisis qui resteront des modèles d'esprit et de style, la minutie de l'observation, en ces comédies, en fait de vigoureuses satires d'actualité, des tableaux de mœurs spéciales qui n'ont qu'une exactitude momentanée. Cette précision de photographie qui nous semble le comble de l'art, dans trente ans, moins peut-être, nous produira l'effet que nos portraits nous font quand nous les regardons au bout de vingt années. Cela n'aura plus le moindre rapport.

Avec Molière, tout est largement humain. Sa Comédie n'est pas la peinture d'une époque, c'est celle de tous les temps. Sa puissante observation a éclairé d'un grand rayonnement toutes les profondeurs des caractères où elle est descendue. On peut contrôler la grimace ancienne avec la nouvelle : la solide empreinte s'ajuste exactement sur le masque d'hypocrisie humaine : Faux dévots, faux savants, fausses âmes, prudes, avares, coquettes, fripons : tout est toujours debout et vivant. Les siècles passent, son génie reste! Il ne s'est point attardé à ces aperçus grêles, à ces remarques ténues, il n'a point sculpté son bonhomme à coups d'épingles. Non; que ce soit Arnolphe, Tartuffe, Harpagon, Don Juan, son Type est colosse. Ce n'est pas un vice, c'est le Vice; ce n'est pas un portrait, c'est un symbole!

Sa Comédie ne met pas en scène un entourage quelconque de rôles hasardeux. Non, c'est la Morale, la Sagesse, la Philosophie: l'Humanité représentée sous tous ses aspects qui parle par ses personnages.

Voilà la cause de son immortalité, de celle de Corneille et de Racine.

Sont-ils classiques, romantiques, naturalistes? — Qu'importe! Ils sont tout, étant vrais, humains et sublimes. Leur génie emplira les âges sans jamais lasser l'admiration des esprits et l'enthousiasme des grands cœurs.

Et d'ailleurs, maintenant que les luttes d'écoles sont apaisées, maintenant qu'on ne se bat plus pour aucune forme, — car je ne me préoccupe pas encore de la lutte du Naturalisme qu'on essaie d'entreprendre, et sur laquelle nous nous expliquerons tout à l'heure, — disons simplement que les œuvres géniales renferment tout. Il y a du Classique dans le plus farouche

Romantisme, et du Romantique dans le plus sévère Classique.

Par exemple *le Cid! Hernani* a-t-il une plus audacieuse et plus dramatique exposition, plus inattendue, plus variée, plus pittoresque. A peine le rideau levé, deux personnages nobles de rang, de caractère, sont aux prises par un mobile très-humain : l'Envie. En quelques vers — et quels vers! — l'action atteint le paroxysme du drame. Une irréparable insulte va faire intervenir la mort ou le déshonneur. Le public, violemment remué par ces rapides évènements, assiste à ce nœud sanglant de l'action et y est si puissamment intéressé que l'auteur pourra prolonger ses arguments pendant des scènes, des actes, il est là sur son fauteuil, il n'en sortira pas — le drame dût-il durer une année bissextile — avant d'avoir vu dénouer cette aventure.

Ecoutez ces belles scènes :

LE COMTE.

Enfin vous l'emportez, et la faveur du roi
Vous élève en un rang qui n'était dû qu'à moi.
Il vous fait gouverneur du prince de Castille.

DON DIÉGUE.

Cette marque d'honneur qu'il met dans ma famille
Montre à tous qu'il est juste, et fait connaître assez
Qu'il sait récompenser les services passés.

LE COMTE.

Pour grands que soient les rois, ils sont ce que nous sommes,
Ils peuvent se tromper comme les autres hommes ;
Et ce choix sert de preuve à tous les courtisans,
Qu'ils savent mal payer les services présents.

DON DIÈGUE.

Ne parlons plus d'un choix dont votre esprit s'irrite,
La faveur l'a pu faire autant que le mérite ;
Mais on doit ce respect au pouvoir absolu,
De n'examiner rien quand un roi l'a voulu.
A l'honneur qu'il m'a fait, ajoutez-en un autre,
Joignons d'un sacré nœud ma maison à la vôtre :
Vous n'avez qu'une fille, et moi je n'ai qu'un fils,
Leur hymen peut nous rendre à jamais plus qu'amis,
Faites-nous cette grâce, et l'acceptez pour gendre.

LE COMTE.

A des partis plus hauts ce beau fils doit prétendre ;
Et le nouvel éclat de votre dignité
Lui doit enfler le cœur d'une autre vanité.
Exercez-la, monsieur, et gouvernez le prince.
Montrez-lui comme il faut régir une province,
Faire trembler partout les peuples sous sa loi,
Remplir les bons d'amour et les méchants d'effroi.
Joignez à ces vertus celles d'un capitaine,
Montrez-lui comme il faut s'endurcir à la peine,
Dans le métier de Mars se rendre sans égal,
Passer les jours entiers et les nuits à cheval,
Reposer tout armé, forcer une muraille,

Et ne devoir qu'à soi le gain d'une bataille :
Instruisez-le d'exemple, et rendez-le parfait,
Expliquant à ses yeux vos leçons par l'effet.

DON DIÉGUE.

Pour s'instruire d'exemple, en dépit de l'envie,·
Il lira seulement l'histoire de ma vie.
Là, dans un long tissu de belles actions,
Il verra comme il faut dompter les nations,
Attaquer une place, ordonner une armée;
Et sur de grands exploits bâtir sa renommée.

LE COMTE.

Les exemples vivants sont d'un autre pouvoir;
Un prince dans un livre apprend mal son devoir.
Et qu'a fait après tout ce grand nombre d'années,
Que ne puisse égaler une de mes journées?
Si vous fûtes vaillant, je le suis aujourd'hui,
Et ce bras du royaume est le plus ferme appui,
Grenade et l'Aragon tremblent quand ce fer brille ;
Mon nom sert de rempart à toute la Castille :
Sans moi vous passeriez bientôt sous d'autres lois;
Et vous auriez bientôt vos ennemis pour rois.
Chaque jour, chaque instant, pour rehausser ma gloire,
Met lauriers sur lauriers, victoire sur victoire.
Le prince à mes côtés ferait dans les combats
L'essai de son courage à l'ombre de mon bras,
Il apprendrait à vaincre en me regardant faire;
Et pour répondre en hâte à son grand caractère,
Il verrait...

DON DIÈGUE.

Je le sais, vous servez bien le roi,
Je vous ai vu combattre et commander sous moi :
Quand l'âge dans mes nerfs a fait couler sa glace,
Votre rare valeur a bien rempli ma place;
Enfin, pour égargner les discours superflus,
Vous êtes aujourd'hui ce qu'autrefois je fus.
Vous voyez, toutefois, qu'en cette concurrence
Un monarque entre nous met quelque différence.

LE COMTE.

Ce que je méritais vous l'avez emporté.

DON DIÈGUE.

Qui l'a gagné sur vous l'avait mieux mérité.

LE COMTE.

Qui peut mieux l'exercer en est bien le plus digne.

DON DIÈGUE.

En être refusé n'en est pas un bon signe.

LE COMTE.

Vous l'avez eu par brigue étant vieux courtisan.

DON DIÈGUE.

L'éclat de mes hauts faits fut mon seul partisan.

LE COMTE.

Parlons-en mieux, le roi fait honneur à votre âge.

DON DIÈGUE.

Le roi, quand il en fait, le mesure au courage.

LE COMTE.

Et par là cet honneur n'était dû qu'à mon bras.

DON DIÈGUE.

Qui n'a pu l'obtenir ne le méritait pas.

LE COMTE.

Ne le méritait pas ! Moi ?

DON DIÈGUE.

Vous.

LE COMTE.

Ton impudence,
Téméraire vieillard, aura sa récompense.
(Il lui donne un soufflet.)

DON DIÈGUE, mettant l'épée à la main.

Achève et prends ma vie, après un tel affront,
Le premier dont ma race ait vu rougir son front.

LE COMTE.

Et que penses-tu faire avec tant de faiblesse ?

DON DIÈGUE, après que son épée est tombée.

O Dieu ! Ma force usée en ce besoin me laisse !

LE COMTE.

Ton épée est à moi ; mais tu serais trop vain,
Si ce honteux trophée avait chargé ma main.

Adieu. Fais lire au prince, en dépit de l'envie,
Pour son instruction, l'histoire de ta vie;
D'un insolent discours ce juste châtiment
Ne lui servira pas d'un petit ornement.

(Il sort.)

DON DIÈGUE, seul.

O rage! ô désespoir! ô vieillesse ennemie!
N'ai-je donc tant vécu que pour cette infamie?
Et ne suis-je blanchi dans les travaux guerriers,
Que pour voir en un jour flétrir tant de lauriers?
Mon bras qu'avec respect toute l'Espagne admire,
Mon bras qui tant de fois a sauvé cet empire,
Tant de fois affermi le trône de son roi,
Trahit donc ma querelle, et ne fait rien pour moi?
O cruel souvenir de ma gloire passée!
Œuvre de tant de jours en un jour effacée!
Nouvelle dignité fatale à mon bonheur!
Précipice élevé d'où tombe mon honneur!
Faut-il de votre éclat voir triompher le comte?
Et mourir sans vengeance, ou vivre dans la honte?
Comte, sois de mon prince à présent gouverneur,
Ce haut rang n'admet point un homme sans honneur,
Et ton jaloux orgueil, par cet affront insigne,
Malgré le choix du roi, m'en a su rendre indigne.
Et toi, de mes exploits, glorieux instrument,
Mais d'un corps tout de glace, inutile ornement.
Fer, jadis tant à craindre, et qui, dans cette offense,
M'as servi de parade et non pas de défense,
Va, quitte désormais le dernier des humains,
Passe pour me venger en de meilleures mains.

DON DIÈGUE, DON RODRIGUE.

DON DIÈGUE.

Rodrigue, as-tu du cœur ?

DON RODRIGUE.

Tout autre que mon père [1]
L'éprouverait sur l'heure.

DON DIÈGUE.

Agréable colère !
Digne ressentiment à ma douleur bien doux !
Je reconnais mon sang à ce noble courroux ;
Ma jeunesse revit en cette ardeur si prompte.
Viens, mon fils, viens, mon sang, viens réparer ma honte,
Viens me venger.

DON RODRIGUE.

De quoi ?

DON DIÈGUE.

D'un affront si cruel,
Qu'à l'honneur de tous deux il porte un coup mortel :
D'un soufflet, l'insolent en eût perdu la vie,
Mais mon âge a trompé ma généreuse envie ;
Et ce fer que mon bras ne peut plus soutenir,
Je le remets au tien pour venger et punir.
Va contre un arrogant éprouver ton courage,
Ce n'est que dans le sang qu'on lave un tel outrage.
Meurs ou tue. Au surplus, pour ne te point flatter,
Je te donne à combattre un homme à redouter.

1. Rejet bien romantique.

Je l'ai vu tout couvert de sang et de poussière,
Porter partout l'effroi dans une armée entière,
J'ai vu par sa valeur cent escadrons rompus ;
Et pour t'en dire encor quelque chose de plus,
Plus que brave soldat, plus que grand capitaine,
C'est...

DON RODRIGUE.

De grâce, achevez.

DON DIÈGUE.

Le père de Chimène.

DON RODRIGUE.

Le...

DON DIÈGUE.

Ne réplique point, je connais ton amour,
Mais qui peut vivre infâme est indigne du jour ;
Plus l'offenseur est cher, et plus grande est l'offense.
Enfin tu sais l'affront et tu tiens la vengeance :
Je ne te dis plus rien. Venge-moi, venge-toi,
Montre-toi digne fils d'un père tel que moi.
Accablé des malheurs où le destin me range,
Je vais les déplorer, va, cours, vole et nous venge.

Puis, après ce long combat de l'amour et de l'honneur, les belles stances de Rodrigue, qui se terminent par ces vers flamboyants :

. . . .

Allons, mon bras, sauvons du moins l'honneur,
Puisque après tout, il faut perdre Chimène.

Oui, mon esprit s'était déçu,
Je dois tout à mon père avant qu'à ma maîtresse;
Que je meure au combat ou meure de tristesse,
Je rendrai mon sang pur comme je l'ai reçu.
Je m'accuse déjà de trop de négligence,
      Courons à la vengeance;
Et, tout honteux d'avoir tant balancé,
      Ne soyons plus en peine,
Puisque aujourd'hui mon père est l'offensé,
Si l'offenseur est père de Chimène.

Enfin, voici la foudroyante provocation :

DON RODRIGUE.

A moi, comte, deux mots.

LE COMTE.

Parle.

DON RODRIGUE.

      Ote-moi d'un doute.
Connais-tu bien don Diègue?

LE COMTE.

Oui.

DON RODRIGUE.

      Parlons bas; écoute.
Sais-tu que ce vieillard fut la même vertu,
La vaillance et l'honneur de son temps? le sais-tu?

LE COMTE.

Peut-être.

DON RODRIGUE.

Cette ardeur que dans les yeux je porte,
Sais-tu que c'est son sang? le sais-tu?

LE COMTE.

Que m'importe?

DON RODRIGUE.

A quatre pas d'ici je te le fais savoir.

LE COMTE.

Jeune présomptueux.

DON RODRIGUE.

Parle sans t'émouvoir.
Je suis jeune, il est vrai, mais aux âmes bien nées
La valeur n'attend pas le nombre des années.

LE COMTE.

Te mesurer à moi! Qui t'a rendu si vain?
Toi qu'on n'a jamais vu les armes à la main?

DON RODRIGUE.

Mes pareils à deux fois ne se font point connaître;
Et pour leur coup d'essai veulent des coups de maître.

LE COMTE.

Sais-tu bien qui je suis?

DON RODRIGUE.

Oui, tout autre que moi
Au seul bruit de ton nom pourrait trembler d'effroi.
Les palmes dont je vois ta tête si couverte
Semblent porter écrit le destin de ma perte.
J'attaque en téméraire un bras toujours vainqueur ;
Mais j'aurai trop de force ayant assez de cœur.
A qui venge son père il n'est rien d'impossible.
Ton bras est invaincu, mais non pas invincible.

LE COMTE.

Ce grand cœur qui paraît aux discours que tu tiens,
Par tes yeux chaque jour se découvrait aux miens.
Et croyant voir en toi l'honneur de la Castille,
Mon âme avec plaisir te destinait ma fille.
Je sais ta passion, et suis ravi de voir
Que tous ces mouvements cèdent à ton devoir ;
Qu'ils n'ont point affaibli cette ardeur magnanime ;
Que ta haute vertu répond à mon estime ;
Et que voulant pour gendre un cavalier parfait,
Je ne me trompais point au choix que j'avais fait.
Mais je sens que pour toi ma pitié s'intéresse,
J'admire ton courage et je plains ta jeunesse.
Ne cherche point à faire un coup d'essai fatal ;
Dispense ma valeur d'un combat inégal ;
Trop peu d'honneur pour moi suivrait cette victoire.
A vaincre sans péril on triomphe sans gloire.
On te croirait toujours abattu sans effort ;
Et j'aurais seulement le regret de ta mort.

DON RODRIGUE.

D'une indigne pitié ton audace est suivie :
Qui m'ose ôter l'honneur craint de m'ôter la vie !

3

LE COMTE.

Retire-toi d'ici.

DON RODRIGUE.

Marchons sans discourir.

LE COMTE.

Es-tu si las de vivre?

DON RODRIGUE.

As-tu peur de mourir?

LE COMTE.

Viens, tu fais ton devoir, et le fils dégénère
Qui survit un moment à l'honneur de son père.

Ces qualités de grandeur, d'énergie, de passion,
d'éloquence, vont se retrouver avec des couleurs aussi
pourprées dans les styles de ces deux grands poètes :
Corneille et Hugo.

Voyez l'entrée de Ruy Gomez dans *Hernani* :

Des hommes chez ma nièce à cette heure de nuit!
Venez tous! cela vaut la lumière et le bruit.

A dona Sol :

Par saint Jean d'Avila, je crois que, sur mon âme,
Nous sommes trois chez vous; c'est trop de deux, madame!

Aux deux jeunes gens :

Mes jeunes cavaliers, que faites-vous céans?
Quand nous avions le Cid et Bernard, ces géants

De l'Espagne et du monde allaient par les Castilles,
Honorant la vieillesse et protégeant les filles.
C'étaient des hommes forts et qui trouvaient moins lourds
Leur fer et leur acier que vous votre velours.
Ces hommes-là portaient respect aux barbes grises,
Faisaient agenouiller leur amour aux églises,
Ne trahissaient personne, et donnaient pour raison
Qu'ils avaient à garder l'honneur de leur maison.
S'ils voulaient une femme, ils la prenaient sans tache,
En plein jour, devant tous, et l'épée ou la hache
Ou la lance à la main ! — Et quant à ces félons,
Qui, le soir, et les yeux tournés vers leurs talons,
Ne fiant qu'à la nuit leurs manœuvres infâmes,
Par derrière, aux maris, volent l'honneur des femmes,
J'affirme que le Cid, cet aïeul de nous tous,
Les eût tenus pour vils et fait mettre à genoux,
Et qu'il eût, dégradant leur noblesse usurpée,
Souffleté leur blason du plat de leur épée !

Ecoutons maintenant la réplique de don Diègue à la
plainte de Chimène, qui vient réclamer au roi la mort
de Rodrigue :

LE ROI.

Don Diègue, répondez.

DON DIÈGUE.

Qu'on est digne d'envie
Lorsqu'en perdant la force on perd aussi la vie !
Et qu'un long âge apprête, aux hommes généreux,
Au bout de leur carrière un destin malheureux !
Moi, dont les longs travaux ont acquis tant de gloire,
Moi, que jadis partout a suivi la victoire,

Je me vois aujourd'hui, pour avoir trop vécu,
Recevoir un affront et demeurer vaincu.
Ce que n'a pu jamais combat, siège, embuscade,
Ce que n'a pu jamais Aragon ni Grenade,
Ni tous vos ennemis, ni tous mes envieux,
Le comte en votre cour l'a fait presque à vos yeux,
Jaloux de votre choix, et fier de l'avantage
Que lui donnait sur moi l'impuissance de l'àge.
Sire, ainsi ces cheveux blanchis sous le harnois,
Ce sang pour vous servir prodigué tant de fois,
Ce bras, jadis l'effroi d'une armée ennemie,
Descendaient au tombeau tout chargés d'infamie,
Si je n'eusse produit un fils digne de moi,
Digne de son pays et digne de son roi.
Il m'a prêté sa main, il a tué le comte ;
Il m'a rendu l'honneur, il a lavé ma honte.
Si montrer du courage et du ressentiment,
Si venger un soufflet mérite un châtiment,
Sur moi seul doit tomber l'éclat de la tempête :
Quand le bras a failli l'on en punit la tête.
Qu'on nomme crime ou non ce qui fait nos débats,
Sire, j'en suis la tête, il n'en est que le bras.
Si Chimène se plaint qu'il a tué son père,
Il ne l'eût jamais fait si je l'eusse pu faire.
Immolez donc ce chef que les ans vont ravir,
Et conservez pour vous le bras qui peut servir.
Aux dépens de mon sang satisfaites Chimène :
Je n'y résiste point, je consens à ma peine ;
Et, loin de murmurer d'un rigoureux décret,
Mourant sans déshonneur, je mourrai sans regret.

Fils grand et pieux, que de fois Victor Hugo va réchauffer son âme au souffle de Corneille, et comme cela va emporter haut son génie !

Examinons comme ces vieillards de Corneille et Hugo parlent avec la même et suprême grandeur. Voici la harangue célèbre du comte de Saint-Vallier dans *le Roi s'amuse.*

Le vieux comte, du parti du connétable de Bourbon, avait été condamné. Le roi, épris de Diane de Poitiers, fille du comte et mariée au sénéchal de Normandie, Louis de Brézé, accorde grâce; mais par une supercherie de procédure, fit signer au comte une odieuse acceptation des relations du roi et de Diane de Poitiers (selon la donnée de l'auteur, car ce fait est contredit), mais n'importe, le comte indigné vient trouver le roi au milieu de la fête et lui jette à la face ces vers splendides :

Vous m'avez fait un jour mener pieds nus en grève ;
Là, vous m'avez fait grâce, ainsi que dans un rêve,
Et je vous ai béni, ne sachant en effet
Ce qu'un roi cache au fond d'une grâce qu'il fait.
Or, vous aviez caché ma honte dans la mienne.
Oui, sire, sans respect pour une race ancienne,
Pour le sang de Poitiers, noble depuis mille ans,
Tandis que revenant de la Grève à pas lents,
Je priais dans mon cœur le dieu de la victoire
Qu'il vous donnât mes jours de vie en jours de gloire
Vous, François de Valois, le soir du même jour,
Sans crainte, sans pitié, sans pudeur, sans amour,

Dans votre lit, tombeau de la vertu des femmes,
Vous avez froidement, sous vos baisers infâmes,
Terni, flétri, souillé, déshonoré, brisé
Diane de Poitiers, comtesse de Brézé !
Quoi ! lorsque j'attendais l'arrêt qui me condamne,
Tu courais donc au Louvre, ô ma chaste Diane !
Et lui, ce roi sacré chevalier par Bayard,
Jeune homme auquel il faut des plaisirs de vieillard,
Pour quelques jours de plus, dont Dieu seul sait le compte,
Ton père, sous ses pieds, te marchandait ta honte.
Et cet affreux tréteau, chose horrible à penser,
Qu'un matin le bourreau vint en grève dresser,
Avant la fin du jour devait être, ô misère !
Ou le lit de la fille, ou l'échafaud du père !
O Dieu ! qui nous jugez, qu'avez-vous dit là-haut,
Quand vos regards ont vu, sur ce même échafaud,
Se vautrer, triste et louche, et sanglante et souillée,
La luxure royale en clémence habillée ?
Sire, en faisant cela, vous avez mal agi ;
Que du sang d'un vieillard le pavé fut rougi,
C'était bien. Ce vieillard, peut-être respectable,
Le méritait, étant de ceux du connétable.
Mais que, pour le vieillard, vous ayez pris l'enfant,
Que vous ayez broyé sous un pied triomphant
La pauvre femme en pleurs, à s'effrayer trop prompte,
C'est une chose impie, et dont vous rendrez compte !
Vous avez dépassé votre droit d'un grand pas,
Le père était à vous, mais la fille non pas.
Ah ! vous avez fait grâce ! — Ah ! vous nommez la chose
Une grâce ! et je suis un ingrat, je suppose !
— Sire, au lieu d'abuser ma fille, bien plutôt
Que n'êtes-vous venu vous-même en mon cachot !

Je vous aurais crié : — Faites-moi mourir, grâce !
Oh ! grâce pour ma fille et grâce pour ma race !
Oh ! faites-moi mourir, la tombe et non l'affront !
Pas de tête plutôt qu'une souillure au front !
Oh ! monseigneur le roi, puisque ainsi l'on vous nomme,
Croyez-vous qu'un chrétien, un comte, un gentilhomme,
Soit moins décapité, répondez, monseigneur,
Quand, au lieu de la tête, il lui manque l'honneur ?
— J'aurais dit cela, sire, et le soir, dans l'église,
Dans mon cercueil sanglant, baisant ma barbe grise,
Ma Diane au cœur pur, ma fille au front sacré,
Honorée, eût prié pour son père honoré.
— Sire, je ne viens pas redemander ma fille ;
Quand on n'a plus d'honneur, on n'a plus de famille.
Qu'elle vous aime ou non d'un amour insensé,
Je n'ai rien à reprendre où la honte a passé.
Gardez-la. — Seulement je me suis mis en tête
De venir vous troubler ainsi dans chaque fête ;
Et jusqu'à ce qu'un père, un frère ou quelque époux,
— La chose arrivera, — nous ait vengé de vous,
Pâle, à tous vos banquets, je reviendrai vous dire :
Vous avez mal agi, vous avez mal fait, sire !
Et vous m'écouterez, et votre front terni
Ne se relèvera que quand j'aurai fini.
Vous voudrez, pour forcer ma vengeance à se taire,
Me rendre au bourreau. Non, vous ne l'oserez faire,
De peur que ce ne soit mon spectre qui demain
Revienne vous parler, — cette tête à la main.

On objectera que *le Cid* est tiré d'un drame espa-
gnol, que *Hernani* est puisé à ces mêmes sources des

vieux Romanceros, et que, dès lors, la rencontre était inévitable.

D'accord... mais voyons *Horace*.

Le sujet est bien absolument classique, cette fois. Il est pris dans une page de Tite-Live, les héros sont des premiers âges de Rome.

Eh bien, est-il une scène dans aucun Théâtre qui soit à la fois plus classique, plus romantique et plus cruellement naturaliste que celle où l'on vient annoncer au vieil Horace la fuite de son fils et la défaite de Rome? Ce vieillard, plus grand que nature, et si vrai pourtant, est bien jailli tout entier du génie de Corneille, ce *Michel-Ange du drame* comme dit si bien Th. Gautier. Et ce caractère a-t-il jamais été dépassé dans aucune langue, par aucun poète, fût-il Eschyle, Sophocle, Shakespeare ou Hugo?

Nous pourrions multiplier ces exemples, mais le temps nous manquerait. Tenons-nous en à ceux-ci qui sont suffisants et permettez-moi de conclure la peinture de ces deux formes théâtrales par une figure, par une image qui en traduit assez l'impression.

La belle Ecole classique me représente le rude glaive d'airain de la Tragédie.

Le Romantisme trouve ce glaive trop primitif, trop barbare, le forge sur son enclume et en fait la belle dague fleurie du Moyen-âge, à la garde cruciale et au pommeau fleurdelysé.

Le drame moderne paraît, et, raillant cette lourde rapière inutile et incommode pour l'habit noir, l'aiguise sur sa meule élégante et la transforme en poignard gracieux et perfide. Ce stylet sera manié par les doigts nerveux de l'héroïne, pour tuer son amant, après avoir servi à couper les pages du roman à la mode.

Puis ce poignard, encore trop dramatique, va de nouveau être aiguisé, et de stylet, va se transformer en scalpel pour mettre au jour les plaies et faire l'autopsie de l'Humanité entre les mains du Naturalisme.

Le vieux glaive de Sophocle et d'Eschyle va se transformer en canif de carabin. Adieu poésie et enthousiasme, et vive la dissection!

LE NATURALISME.

Je demandais, en commençant cette causerie, d'où était venu le Théâtre et comment il était devenu une des plus grandes manifestations de la Pensée? Pourquoi, acte religieux à part, tant de grands esprits en avaient fait le but suprême de leur existence?

C'est qu'ils avaient pressenti que ce plaisir était appelé à une haute mission. Ils avaient raison et on n'aurait jamais dû l'oublier.

Le Théâtre est un enseignement profond. La liberté qu'on lui a accordée est peut-être la cause de sa décadence. On fait de cet art une entreprise commerciale; et, pour être sûr d'attirer le public, on flatte ses instincts et ses vices au lieu de guider son goût et d'élever son esprit. De là les œuvres basses et viles, et la baisse incroyable de l'esprit humain.

Le Théâtre, comme l'instruction, doit être surveillé. Il doit diriger le goût du public et non être dirigé par lui ; son influence est immense. Les vers de Pierre Corneille ont remporté plus de victoires que les plans des meilleurs généraux, car si les généraux dressaient la bataille, Corneille donnait aux soldats des âmes de héros pour la gagner.

Le but du Théâtre — les anciens l'avaient compris — doit être d'élever l'Humanité en lui donnant de grands exemples, châtier les ridicules en les raillant. N'oublions pas que Victor Hugo a dit : *Il ne faut pas qu'une multitude sorte du théâtre sans en emporter quelque moralité profonde et austère.*

Les grands auteurs du XVIIᵉ siècle ont rempli cette noble tâche : Corneille, en transformant l'imbroglio héroï-comique en tragédie sublime ; Racine, en faisant chanter sa grande âme sur la lyre d'Euripide ; Molière, en ramassant sous les tréteaux fangeux de Tabarin, la farce gauloise, et lui rendant la langue de Rabelais et le rire profond de Montaigne, créant pour tous les siècles futurs la Comédie-Française.

En un mot, selon la juste expression d'Aug. Vitu, ces trois grands auteurs — et c'est leur suprême honneur — ont trouvé le Théâtre très-bas et l'ont placé très-haut.

Voici que des novateurs arrivent, trouvent le Théâtre très-haut et veulent le replonger très-bas.

Sous prétexte de Naturalisme !

Je ne confonds pas dans cette critique les grands psychologues, dont les études sévères sont des mer-

veilles de style et d'observation. Je professe la plus
ardente admiration pour notre illustre Gustave Flau-
bert entre autres. Le livre n'est pas la scène, et je
ne parle que des œuvres théâtrales, si on peut donner
ce nom à ces excroissances dramatiques qui, croyant
flatter le goût du jour, étalent audacieusement toutes
les purulences humaines; et je crois que toute con-
science honnête doit s'indigner quand des mauvais
plaisants, tranchant du génie incompris, vous disent :
C'est de l'art!

Le Naturalisme! Mais on l'a observé de tous temps.
Il est dans la tragédie grecque à profusion, dans celle
de Corneille à chaque instant, à tel point qu'un de
nos vieux lettrés de Rouen, M. Eug. Noel, voulait
qu'on dégageât des œuvres les plus pompeuses du
grand tragique les scènes observées exactement sur
la nature, qu'on pourrait appeler : les *Comédies* de
Corneille!

Molière a poussé le Naturalisme aussi loin que possible, si loin même, que le sévère Boileau a montré
sa férule.

> « C'est par là que Molière, illustrant ses écrits
>
> . . . .

Mais il a placé ces traits naturalistes à leur place
respective, en grand artiste qu'il était, comme repous-
soir voulu à l'exemple qu'il propose. Auprès de Tartuffe, il y a Cléante: près de Trissotin, Henriette et
Clitandre; en face de Don Juan, il y a son père, etc.

Il n'est jamais venu en idée à ces maîtres de l'observation de faire une œuvre où ne s'étaleraient que des vices odieux, des gangrènes et des plaies. Et on ne me fera jamais croire que ces auteurs-là ne connaissaient pas la nature aussi bien que ceux de l'Ecole nouvelle.

Le moindre tort de ces « novateurs », c'est qu'on ne peut rien citer — en compagnie honnête — de leurs tableaux. On ne peut guère les représenter qu'en un certain huis-clos, une espèce de musée secret où l'on ne paie pas à l'entrée.

D'où a pu venir cette forme étrange du Théâtre? Du désir de fouetter la curiosité endormie du public, car la foule, ainsi qu'un estomac usé, fatigué par la névrose, n'a plus goût à rien et se jette avidement sur les aliments les plus bizarres, les plus pimentés, et trouve parfois une exquise satisfaction à digérer l'ordure.

Oui, malgré les belles recettes proclamées par les journaux, le public n'aime plus le Théâtre. Il y va, certes, mais par mode; beaucoup plus pour s'y montrer que pour prendre intérêt à ces belles batailles de la pensée.

Le public ne veut plus penser, ne veut plus s'instruire. Il faut que le Théâtre flatte ses goûts, l'émoustille.

Le succès incroyable des cafés-concerts en est une preuve déplorablement incontestable. Que peut-il rester dans l'esprit et dans le cœur de ceux qui passent toutes leurs soirées à entendre le répertoire de ces établissements?

Et on les compte par cent mille ces habitués fidèles! Et malheureusement, ce ne sont pas des sots ni des ignorants toujours!

Non, ce sont des blasés, des indifférents, des perdeurs de temps qui tuent leurs soirées là, aux *Folies-Harengère* ou aux *Nouveautés Tartempion* et autres fondations « ejusdem farinæ ».

Ce sont d'autres qui vous disent : Que voulez-vous? les affaires sont si accablantes! il faut se distraire. Le cerveau est tellement fatigué de ces journées commerciales; s'il faut encore s'appliquer à écouter des œuvres, chercher à les comprendre! l'histoire, le drame, la poésie... oh non! Oh! les vers surtout!!!

On a envie de leur répondre : Mais vos pères travaillaient aussi, sapristi! et autant que vous — à preuve la fortune qu'ils vous ont laissée. — Les affaires n'étaient pas plus faciles de leur temps qu'aujourd'hui. La lutte était la même. Mais ils aimaient à s'instruire! Et ces belles émotions artistiques qu'ils se procuraient rafraîchissaient, délassaient leurs cerveaux fatigués par les combinaisons de l'arithmétique. Leur mémoire s'ornait d'admirables pensées; car la puissante obsession du Théâtre était la même, seulement, au lieu de fredonner en sortant du parterre :

> J'mouille le nez des ch'vaux d'omnibus,

ou

> C'est Victor qui dort,
> C'est d'son nez qu'ça sort !

ou
                    Mam'zelle Anastasie,
                    Qu'il est bien vot' lapin.

et d'autres plus ineptes encore, si possible, ils répé-
taient les vers classiques de Corneille, Racine, Voltaire.
Mon père ainsi que mon grand-père en savaient un grand
nombre par cœur. Ils n'avaient fait que les entendre
au théâtre, dits par Talma, Georges ou Rachel. Ils
apprenaient à parler à leurs enfants avec ces belles
maximes. Nous avons bégayé dès le berceau :

A tous les cœurs bien nés que la Patrie est chère.

Mourir pour le pays n'est pas un triste sort.
C'est s'immortaliser par une belle mort !

A vaincre sans péril on triomphe sans gloire !

Nous n'en sommes pas morts pour cela.

J'ai encore mon vieil oncle, solide nonagénaire, qui
me déclame très couramment et d'une voix forte, avec
les intonations qu'il a retenues des anciens tragédiens,
le récit du combat des *Frères ennemis*, de Racine, le
Songe d'Athalie, et la *Clémence d'Auguste*. Il n'en est
pas mort non plus, vous voyez ! Cela charme et réjouit sa
belle vieillesse. Ces beaux vers de Corneille et de Racine
rallument des flammes jeunes en son regard ; car les
jeunes gens de son temps avaient des flammes dans
les yeux, et les vieux Rouennais qui m'écoutent ici le
savent bien, et..... les Rouennaises aussi. (*Sourires*).

Il chante aussi des chansons, celles de son temps :
Béranger, Désaugiers, Em. Debraux, etc.,

> Le verre en main, gaîment je me confie
> Au Dieu des bonnes gens...

la Vestale de Désaugiers, le spirituel parodiste, — car aimer le beau n'empêche pas de savoir rire, « pour ce que rire est le propre de l'homme » a dit ce grand rieur amer : Rabelais.

Oui, mon vieil oncle me chante encore gaillardement ce couplet gaillard de *la Vestale* :

> Quand aux règles du monastère
> Un' fill' manquait,
> On vous la j'tait tout' vive en terre
> Comme un paquet ;
> Si la terre aujourd'hui d'nos belles
> Couvrait l'z'abus,
> J'crois ben qu' j'aurions plus de d'moiselles
> Dessous que d'sus !

Oui, ces vieilles chansons ont des traits de comédie, on peut les retenir, les dire en société. Ces vieillards peuvent encore les fredonner malgré leurs cheveux blancs.

Mais voyez-vous un patriarche vous bégayer d'une bouche édentée :

> J'mouille le nez des ch'vaux d'omnibus,

ou

> C'est ta poire, ta poire, ta poire !

Donc, dans l'espoir d'apporter du non-vu, de l'inédit au public, on a essayé à grand bruit ce nouveau mode

de Théâtre qu'on appelle improprement : le Naturalisme.

Je crois bien que c'est du non-vu, du non-entendu.
Personne ne s'en était avisé. Dire en scène, en public,
zut ! en trois ou cinq lettres, ça n'était pas encore dans
la littérature. Je ne crois pas que cela y restera longtemps.

Pour ce Théâtre nouveau, point n'est besoin d'obser-
ver les agencements, les rouages d'une action quelconque, de construire une intrigue, non. On expose
un fait excessif pas très-clairement, on saupoudre le
dialogue de mots..... (rassurez-vous, je ne citerai
rien).

De parti pris, on ridiculise ce qui est sentiment pour
ne pas paraître *poncif, pompier, vieux-jeu.* D'un ton
doctoral, avec un style mélangé de termes de clinique
et d'argot d'atelier, sous prétexte de science picturale,
expérimentale, on précise, loupe et scalpel en main,
de combien de mensonges, d'hypocrisie, de lâchetés
sont faits la vertu, le sacrifice, la charité, le dévoue-
ment, et, sans plus d'effort imaginatif, pointant pas à
pas le document humain, on livre l'œuvre en criant :
Exegi monumentum !

Eh bien, sans autre critique, je crois que cette Ecole
se trompe, qu'elle s'égare dans une fausse observation.
Le Théâtre qui n'a pas un grand but meurt en naissant.
Quel que soit le talent dépensé par ces novateurs — et
certains en ont beaucoup, et du meilleur — leur
œuvre n'est pas durable..... parce qu'elle n'est pas
vraie. Un trait de crayon ne dessine pas tous les aspects

d'une montagne, une scène de la nature ne démontre
pas la vie.

Tous les genres sont bons au Théâtre, on l'a dit, et
c'est vrai. Une pièce réussit ou tombe pour des causes
souvent inconnues et inexplicables. Ni formes, ni règles
pour cela. Mais il faut toujours qu'une œuvre faite
pour la foule parle à cette foule un langage compréhen-
sible, qu'elle ne lui présente pas l'exception pour la
règle. Que l'œuvre expose la vérité cruelle, toute la
vérité, comme au pied du tribunal, très-bien ! Si l'auteur traite le sujet de haut, avec la grande voix de
l'art, on discutera peut-être, mais l'œuvre restera.

Mais, si vous descendez chercher une odieuse vérité
dans une nature criminelle ou malade, si vous peignez
avec complaisance ce tableau repoussant, si vous jetez
cette abjection sans préambule, sans art, comme une
flaque de boue sur une robe de fête, ah ! non !

Car il n'y a pas que de la vilenie dans la nature.
Partout, toujours, elle fournit l'antithèse : crime et
vertu, franchise et hypocrisie. Le même siècle con-
fronte Isabeau et Jeanne d'Arc.

L'honnête public qui écoute, se dit, à l'audition de
ces brutalités : nous ne sommes pas si ignobles que
cela. On a beau nous ramener à l'existence bestiale,
nous fournir des preuves, des traits, des documents
humains, ce quelque chose qui est en nous : l'instinct,
l'âme, l'immatériel, cette essence supérieure, l'idéal
nous crie : ce n'est pas vrai, c'est du faux vrai ! Dans
nos amours, il n'y a pas que le hideux accouplement,
il y a le trouble, le charme, la poésie, l'ivresse des

vingt ans. Dans notre tendresse paternelle, il n'y a pas que le farouche égoïsme et le brutal instinct du loup pour son louveteau, il y a les inquiétudes, les ten-dresses, les prévoyances, les angoisses, les dévouements éperdus. Dans notre bienfaisance, il n'y a pas que l'os-tentation ou une aumône qui achète un pardon, il y a la pitié, la douleur, la fraternité. Dans notre pa-triotisme, il n'y a pas qu'un aveugle fanatisme, il y a la fierté de notre race, l'orgueil des aïeux, l'amour de la gloire et le respect de notre Histoire de France.

Il y a tout cela. Eh bien, tout cela : c'est du *senti-ment*, de *l'idéal*, c'est du *poncif*, du *pompier*, du *vieux-jeu*, c'est tout ce que vous voudrez, mais c'est de la nature, de la belle et grande nature.

Et tant que vous remuerez ces éléments dans une œuvre dramatique, avec de la conviction, du talent, vous pouvez compter sur le succès. Et si une étincelle de génie vous embrase, vous ferez une Œuvre indestructible qui ajoutera un rayon de plus au soleil de l'Art.

ROUEN. — IMPRIMERIE JULIEN LECERF.

ROUEN. — IMPRIMERIE JULIEN LECERF.

9 782329 402413